Angelika Schäfer

Meine Verse kannst du lesen
sie sind für dich.

Meine Gedanken kannst du nicht lesen
Sie sind für mich

Meine Gefühle kannst du erraten
doch spüren kann sie nur ich.
Angelika Schäfer

Meine Reime - Dein Verständnis

Für meine Kinder: Sarina, Rebecca und Pia

Für Tibor

Bibliografische Information der Deutschen Nationalbibliothek: Die Deutsche Nationalbibliothek verzeichnet diese Publikation in der Deutschen Nationalbibliografie; detaillierte bibliografische Daten sind im Internet über dnb.d-nb.de abrufbar.

TWENTYSIX – der Self-Publishing-Verlag
Eine Kooperation zwischen der Verlagsgruppe Random House und BoD – Books on Demand

Herstellung und Verlag:
BoD – Books on Demand, Norderstedt

© 2018 Angelika Schäfer

Herstellung und Verlag

BoD, Norderstedt

ISBN: 9783740751401

Inhalt

Meine Reime - Dein Verständnis 3
Fröhliche Verse 7
    Hundeleben 8
    April 10
    Alt und Neu 11
    Seelenbilder, das Gedicht zum Glück 12
    Das Traumhaus 13
    Pep Up poem for Rebecca 14
    Ein froher Moment 15
    Das Ende der Welt 16
    Mitverantwortung 17
    Feuchte Sinfonie 18
    Gedicht für Jonah und alle Enkelkinder 19
    Kinder 20
    Die Hexe Gerda im Jahreslauf 21
    Für S., R. und U.: fünfzig Jahre in Kürze 24
Die Liebe 25
    Vorfreude 26
    Precious 27
    Sehende Hände 28
    Früher oder später 29
    Now or later 30
    Rose und Regen 31
    Rose and rain 32
    Mehr 33
    Ertrinken 34
    Gemeinsame Ernte 35
    Lassan (gesprochen loschon) 36

Ungestillt	37
Dinge, die ich an dir liebe	38
Nachdenkliches	**39**
Season of darkness	40
Angehalten	42
Der Feigling	43
Die Angst und die Anarchistin	44
Angst um dich	45
Normal	46
Nie genügen	47
Lebenserfahrung	48
Zerrissen	49
Du bist fort	50
Wer?	51
Sehn Sucht	52
Was bist du?	53
Oben und Unten	54
Verwirrung der Jahreszeiten	55
Heute Morgen für Dich	56
Gedichtsverlust	57
Verhüllung und Verheißung	58
Orte und Jahreszeiten	**59**
Geräusche	60
Fuerte Ventura	61
Gartenbrache	62
Rückkehr	63
Ein starker Frühling	64

Fröhliche Verse

Gedicht 2018

Hundeleben

Einst sprach man dann vom Hundeleben,
als es nicht sinnvoll war danach zu streben.
Der arme Hund, er war geschwächt,
er darbte sehr und fraß ganz schlecht.

Doch denkst du heute wohl ganz anders,
wenn du so durch die Wälder wanderst.
Du siehst die Menschen Kake klauben,
und kannst das Ganze gar nicht glauben.

Der Hund zieht den Menschen an der Leine,
wickelt sie ihm um beide Beine.
Bellt vergnügt und tobt herum,
der Mensch, der fällt dabei meist um.

Und wird es frisch im herbstlichen Wald
wird's dem Kerlchen an den Pfoten kalt?
Nein, nein er kriegt jetzt Lederschuhe,
der Mensch trägt halt die Alten aus der Truhe.

Und fällt dann leicht der Schnee zur Winterzeit
näht Frauchen ihm ein wollen Winterkleid,
oder sie kauft online direkt bei Gucci
da geht das Geld verdammt schnell pfutschi.

Daheim wird kräftig abgerubbelt und massiert,
damit dem unterkühlten Hündchen nix passiert.
Dann schnell auf seinen Lieblingsplatz,
dir machst doch nichts mein lieber Schatz,
dass der Hund am Feuer sitzt,
und vielleicht ein bisschen schwitzt.
Dein Sessel ist doch so bequem,
wir machen es uns am Boden angenehm.

Beim Essen soll der Hund im Körbchen sitzen,
nicht bei Tisch das rosa Näschen spitzen
Es schaut dann doch so niedlich aus
Drum kriegt sie was, die süße Maus.

Gedicht 2018

Und fällt dann die Kartoffel runter,
dann riecht er dran und bellt ganz munter.
Mit vorwurfsvollem Blick und macht Gekreisch,
ich fresse nur Fisch und Rinderfleisch.

Das Futter das für ihn bestimmt
er sorgsam in die Schnauze nimmt,
doch ist es ihm heute nicht genehm,
kannst du es gekotzt im Garten sehn.

Ich gebe lieber gleich nur das vom Gourmet,
das tut zwar weh im Portemonnaie,
doch dann muss ich nicht Kotze putzen
so ist das investierte Geld von nutzen.

Alleine mag der Hund nicht gerne bleiben,
er könnte sich was Falsches einverleiben.
Zuletzt die hohen, roten Schuhe von Gabor,
das kam zum Glück nur selten vor.

Ich trag jetzt einen weißen und einen Roten
das gibt beim Abend-Auftritt gute Noten.
Dazu ein rot-weiß gestreiftes Kleid,
die andern werden blas vor Neid.

Zieht dann mein Hund fest an der Leine,
er will halt drüben schnuppern an dem Stock.
Fall ich vornüber und ich zeige,
was ich so trage unterm Rock.

Mir fällt das Hundeleben schwer
wenn ich doch nur der Hund, und nicht das Frauchen wär.

Gedicht 21.04.2011

April

Man kann sich nicht auf dich verlassen,
einfach nur lieben, manchmal hassen.

Zauberst die Blumen und den frischen Duft,
Wirbelst dann wieder Schnee und Regen durch die Luft.

Auf dich ist kein Halten und kein Verlass.
Bei Sonnenschein, wird man doch nass.

Mit den Sandalen an den Füßen,
lassen die Schneeflocken grüßen.

Und wenn ich dann die Stiefel trage,
legst du den Sommer auf die Waage.

So bin ich voll Misstrau'n und Respekt,
Der ganze Sonnenschein ist mir suspekt.

Du wirst uns wohl noch überraschen,
und nach den jungen Blüten haschen.

Doch will ich mich hier nicht beschweren.
Zu jedem Jahr will der April uns Sommer lehren.

Den nehm' ich an aus vollem Herzen,
denk an den Winter voller Schmerzen.

Und hoffe, der ist nun vorbei,
das And're ist mir einerlei.

Gedicht 2010

Alt und Neu

Aus der Asche uns erheben
wie göttlich Federvieh.
So sehr wir nach Unberührtheit streben
gelingen wird´s uns nie.

Wir schleppen alles mit uns mit
Auch wenn wir es oft gut verstecken,
Hält es doch immer mit uns Schritt,
im unrechten Moment Erinnerung zu erwecken.

Die Lebensbänder zieh´n und zerren,
und wird der Rucksack gar zu schwer,
Wir oft aus vollem Herzen plärren:
Ach wenn die schwere Last nicht wär.

Wir müssen lernen sie zu tragen.
Sie nehmen als den Teil des Ganzen.
Der uns durch seine argen Plagen,
gestärkt, gestählt und hart gemacht.

Wie Phoenix immer wieder neu,
in jedem Zyklus zart und blank.
Wir wären immer brav und treu,
doch wär´n wir auch im Herzen krank.

Die Liebe lebt in uns für immer.
Ein jeder wunderschöner Tag.
All das Vergessen wäre schlimmer,
als man sich vorzustellen wagt.

Doch pack ihn um den alten,
schweren Ranzen.
Nach unten was das Schwerste ist.
Ganz oben drauf das schöne Kleid zum Tanzen.
Beim Öffnen dann, ein Lächeln sicher ist.

Seelenbilder, das Gedicht zum Glück

Ein Tisch voll Menschen, die mir lieb sind.
Guter Wein und Kerzenlicht
Alle spielen, lachen, gestikulieren.
Das zaubert ein Lächeln in mein Gesicht.

Ein blühender Baum im Frühlingswind.
Die Tochter oben im Baum, der Wicht.
Feuer, in dem die geschnittenen Zweige knacken.
Das zaubert ein Lächeln in mein Gesicht.

Das Klingeln des Telefons,
dein Anruf, ich glaub es nicht.
Solange an dich gedacht, nun rufst du an.
Das zaubert ein Lächeln in mein Gesicht.

Ein Feuer im Kamin, schwerer roter Wein,
diskutieren und wichtig das man´s bespricht.
Nähe geben und spüren.
Das zaubert ein Lächeln in mein Gesicht.

Eine Winterlandschaft, ein Baum, Vater mit Sohn,
im kalten Nebel sieht man sie fast nicht.
Der Hund springt durch den Schnee.
Das zaubert ein Lächeln in mein Gesicht.

Geräusche an der Tür,
das stille Haus belebt, voll Licht.
Überraschend seid ihr da.
Das zaubert ein Lächeln in mein Gesicht.

Gedicht 2010

Das Traumhaus

Am Ende vom Fuchspass, da liegt ein Haus,
Das sieht nach Träumen von Menschen aus.

Der Garten ist wild und ungezähmt, kein Bäumchen gestutzt,
Kein Beet fein säuberlich abgegrenzt oder rausgeputzt.

Das Dach ist voll Moos, ob es den sauren Regen abhält
Und Schutz gibt vor den drohenden Übeln der Welt?

Das Traumhaus hält Träume, für Menschen, die frei sind und klug
Am Fenster hängt das -Atomkraft nein Danke- Tuch

Die Stufen sind krumm, man wird die Füße sich stoßen
Die Türen, zu klein für jeden verhärmten Großen.

Duft aus der Küche, freundliche Stimmen und Lachen erklingt,
ungebremst man den holprigen Gang durchdringt.

Katzenfutter am Boden, wir sind nicht der einzige Gast im Haus,
Im Keller, da wohnt wohl so manch freidenkende Maus.

Altpapier türmt sich im verstaubten Gang, keinen scheint es zu stören,
vielleicht wollen die anderen das Zitat aus der FAZ nochmal hören.

Man träumt von einer besseren Welt, vom Leben in Basisdemokratie
Ohne Kanzler und König, am besten in liebender Anarchie.

Bewusst sind die Menschen in diesem Haus, das Essen Bio-Vegan,
fair die Klamotten und schnöder Besitz wird abgetan.

Es zogen nacheinander recht unterschiedliche Träumer ein,
Jeder brachte ungewollt, den eigenen Alp mit hinein.

Eine kleine Familie war im Lauf der Zeit entstanden,
Und wiederkehrende Träume, die uns alle schon einmal verbanden.

Zieht man als Gast am Ende, die Tür hinter sich zu
So lässt einen das Erlebte nicht mehr in Ruh.

Man nimmt einen Teil der Träume mit, vom besseren Leben,
Von Verantwortung und nach einer gerechteren Welt zu streben.

Das Traumhaus, es möge noch lange bleiben,
Gedanken und Wünsche neuer Träumer sich einverleiben.

Das kleine rote Haus aus Holz, ist ein Augenblick
Wie ein Wimpernschlag vergeht, kehrt man nicht zurück.

Pep Up poem for Rebecca

Give me a P
Give me an A
Give me an S
Give me an S
Give me an E
Give me a D

Passed your test
Yes you can
We love you
Whatever you do

There is more than study and learning
More than money and earning
There is friendship and love
And health, good living and all above
Is the time we can spend together.
So don´t worry, be happy forever.
And go in with a smile and take that test
I know you can do it and be one off the best

Gedicht 2010

Ein froher Moment

Lala,
so fröhlich klingt mein Lied.
Lala,
so schön, dass es dich gibt.
Lala,
so klingt die kleine Terz.
Lala,
mir ist so leicht ums Herz.
Lala,
Nebel und Schnee sind vor der Tür.
Lala,
Mein Schatz ist hier bei mir.
Lala,
Wie ich mich sehn,
Lala,
die Zeit soll nicht vergeh'n.
Lala,
Heut bin ich froh.
Lala,
Warum ist das so?
Lala,
Egal, ist mir echt schnurz.
Lala,
Der Vers war froh und kurz.

Gedicht 2012

Das Ende der Welt

Am 21.12. 2012 droht die Welt zu verschwinden.
Schon manche sich im Eskapismus winden.
Sie meinen man kann dem Ende entkommen.
Und habe den Berg in den Pyrenäen erklommen.

Sie sitzen im Schnee und warten auf das Shuttle zum All.
Versprechen sich Rettung vorm großen Knall.
Halten Seminare für teures Geld,
wie verlässt am besten die untergehende Welt.

Sollte dieser Tag wirklich kommen,
Hätten wir die Maya ernst genommen.
Wir sollten wirklich mal überlegen,
wie wir die letzten Tage pflegen.

Jagten wir weiter nach Ruhm und Macht.
Hät uns das Weltall ausgelacht.
Wert sind nur die Stunden, die wir intensiv leben,
Uns und anderen Glückseligkeit geben.

Genieße die Tage, als wären´s die letzten.
Schließe Frieden, anstatt die Messer zu wetzen.
Was ist schöner als roter Wein,
und lauer Frühlingssonnenschein.

Gieß deine Worte durch Sokratische Siebe.
Verbringe die Stunden mit seliger Liebe.
Lebe jetzt und heute ganz und gar.
Dann ist das Leben wunderbar.

Und wenn die Welt doch nicht untergeht,
wenn nicht der Sturm der Apokalypse weht,
wirst du doch den Glauben an den Untergang nicht bereuen,
sondern dich an deinem reichen „Gelebt haben" freuen.

Mitverantwortung

Schulz wurde gebeten sich einzufinden,
sich für ein Stündchen an den Tisch zu binden.
Ein Gläschen Rotes oder Weißes zu trinken
allen Nachbarn mal zu zuwinken.
Ab und zu die Hand zu heben
um seine Meinung kund zu geben.

Doch Schulze war das Einerlei
Was soll die ganze Laberei.
Er ist zu Haus auf dem Sofa gesessen
und hat eine Tüte Chips gegessen.
Doch dann fing er laut an zu greinen,
Er wollte es anders, sollte man meinen.

Ein Beschluss hat ihn besonders verdrossen,
Denn es wurde beschlossen:
Schulz wird erschossen.

Und die Moral von der Geschicht':

Verpasse die Versammlung nicht.

Gedicht 2018

Feuchte Sinfonie

Mit dem Hunde in der Früh
Richtig fröhlich geh ich nie,
erst nach 100 zähen Schritten
ist die Mühsal abgeglitten.

Doch heute hörte ich ein Lied
Uralte Melodien, lange nicht gespielt,
die Stille brach, im hohen Atrium,
erklang des Stückes Einleitung.

Es hallte durch den weiten Raum,
solange her, man erkannte es kaum.
Fragend trat ich durch den Gang,
als die nächste Strophe schon erklang

Ein Lobgesang auf Wasserpfützen
durch die Kindergummistiefel spritzen.
Der Hund sah mich verwundert an,
was ist hier los, mein lieber Mann!

Es gab Rauschen, Prasseln, Gießen,
wie Flüßlein die durch Straßen fließen
Wassertonnen dumpf Getrommel,
Regenrinnen bass Gebrummel.

Zart hörte man von Blattinstrumenten,
bespielt vom Herbstwind, nicht von Händen.
Crescendo war der trocknen Blätter Rasseln
als die Percussions auf sie runterprasseln.

Das schnelle Autosolo klang von fern
Gespannt hört' ich es heute gern.
Erst brummen, pfeifen, Reifen spritzen
Spielte es wild mit Wasserpfützen.
(hier wurde ich nass)

Der Acker selbst fiel ein in die nasse Sinfonie.
Wiederholte vergessene Takte der Melodie.
Dumpfe Schläge auf den trocknen Boden,
dann in kleinen Furchen der Wasserspiele Toben.

Der Rhythmus stieg mit der sprudelnden Flut.
Der Bläser zog mir ab den schützenden Hut.
Es schüttelte der Himmel mit Leidenschaft
das hohe Zimbelspiel der Wasserkraft.

Schon war die Melodie verklungen.
So lange her, dass sie gesungen.
Luft und Herz waren durchgespült,
dank dem Konzert das ausgespielt.

Gedicht 2011

Gedicht für Jonah und alle Enkelkinder

Keine Drohung kommt von dir
noch trachtest du mir nach dem Leben.

Keine Waffen drohen mir
und doch werd' ich mich dir ergeben.

Du triffst mich direkt ins Herz
Bereitest mir viel Glück, nie Schmerz.

Du zappelst, streckst die Ärmchen aus,
das hält ja keine Oma aus.

Du lächelst, quickst und strahlst mich an,
das haut doch um den stärksten Mann.

Sogar dein Opa, ruhig und cool
macht sich für dich zum Kasperfool.

Wir haben dich lieb du süßer Wicht,
vergiss bloß Oma und Opa nicht.

Kinder

Vergießt man auch viele Tränen,
lacht man auch viel vor Freude,
nie ist das Leben so ausgefüllt,
wie wenn man mit seinen Kindern lacht oder weint.

Fühlt man auch oft sich voll Angst,
ist man auch oft voll Glück,
nie sind Gefühle so tief,
wie wenn man sich seiner Kinder wegen ängstigt oder freut.

Arbeitet man auch noch so hart,
liebt man das Leben auch noch so sehr,
nie ist der Lohn so groß,

wie wenn man empfängt das Kind im eigenen Schoß.

Gedicht 2013

Die Hexe Gerda im Jahreslauf

Die kleine, wilde Hexe Gerda
reiste im **Januar** nach Wehrda.
Wollte mit Kiyan und Jonah einen Schneemann bauen
und im kuscheligen Wohnzimmer Bücher anschauen.
Hat die Jungs dort aber nicht gefunden,
die waren nämlich nach Marburg verschwunden.
Im kalten Januar wurde nix draus
drum fuhr sie schnell wieder nach Haus - was für ein Graus

Im **Februar** nahm sie den alten Besen
mit dem ist sie immer schneller gewesen
flog mit dem Besen in Marburg um die grauen Häuser
fand Jonah und Kiyan im Hof der Weidenhäuser
da haben sie ganz doll Fasnet gefeiert
verkleidet die Jungs und die Hexe verschleiert
keiner hat sie als echte Hexe erkannt,
sind vor falschen Hexen davongerannt - niemand hat's gespannt

Im **März** hat es noch einmal geschneit
und alle Blümchen mit weißem Puder bestreut
Gerda ist mit dem Schlitten zu Kiyan gerutscht
und hat ihn ganz doll abgeknutscht. (er hat es erlaubt)
Im Garten gab's eine lustige Schneeballschlacht
alle haben vor Lachen Pippi in die Hose gemacht.
und als die Tage dann wärmer waren
ist Gerda auf dem letzten Schnee davon gefahren (Besen vor den Schlitten gespannt)

Im **April**, hatte Gerda es viel zu tun
die kleine Hexe musste abends ruh' n.
Da kamen die Kinder zur Osterfeier
vorher kochten und malten sie Ostereier.
Opa hat welche vom letzten Jahr entdeckt,
die hatte der Hase im Garten versteckt.
Die haben so doll nach Schwefel gestunken,
da sind die Jungs ganz schnell verschwunden- hab sie wiedergefunden.

Gedicht 2013

Im **Mai** gab's ein Fußball- Geburtstagsfest
die Jungs schossen fast ins Amselnest.
Schon kam die Gerda angesaust
und hat das ganze Nest mit Eiern gemaust.
Hat das Nest an einen anderen Platz gesetzt
und die Jungs an niemanden gemein verpetzt.
Dafür gab's süße Geburtstagstorte,
Gerda mampfte die ohne viel Worte - die ganze Torte

Im **Juni** stand die Sonne hoch oben
Gerda kam mit dem Ballon geflogen.
oben drauf saßen drei dicke Spatzen,
die brachten den Ballon über Marburg zum Platzen.
Gerda ist ins Planschbecken geplumpst
das hat in ganz Weidenhausen gerummst
Jonah und Kiyan sind davongerannt,
haben die zerzauste Gerda nicht erkannt- was für ' ne Schand'.

Im **Juli** kamen die Jungs die Gerda besuchen,
backten Schoko Pops und Bananenkuchen.
Sind wie die Krokodile im Becken geschwommen
und haben braune Beinchen bekommen.
Alle haben 20 Smileys mit Ketchup gegessen,
Würstchen gegrillt und am Feuer gesessen.
Ach wie schön ist die Sommer Ferienzeit,
hoffentlich ist es bald wieder soweit -ich bin bereit

Im **August** kaufte Hexe Gerda eine riesige Sonnenbrille,
die Sonne war heiß und ihr buntes Haus so stille.
Jonah und Kiyan waren im fernen Spanien,
Hexe Gerda pflegte auf dem Balkon die Geranien.
Hat lustige Fotos für die Jungs gemacht,
die haben sich darüber kaputt gelacht.
Haben an alle Karten geschrieben
an die Freunde und die Lieben- mindestens sieben.

Gedicht 2013

Der **September** war voller Äpfel und Trauben
die konnte man sogar vom Boden aufklauben.
Der Saft schmeckte Süß und lecker,
Hexe Gerda aber ging das Obst auf den Wecker.
Sie hatte einen ganz krummen Rücken,
vom Äpfel aufheben und Zwetschgen pflücken.
Darüber haben Jonah und Kiyan gelacht

und haben die Hexe nachgemacht- wer hätt's gedacht.

Der **Oktober** kam mit Brausen geweht,
die Hexe Gerda hat's vom Besen gedreht.
Hat sich ein Hexen-Bein gebrochen,
konnte weder laufen, noch Kröten Suppe kochen.
Jonah und Kiyan haben den Löffel genommen,
mit der Leiter den Küchenherd erklommen,
haben der kleinen Gerda süßen Milch-Brei gekocht,
den hat sie ehrlich sehr gern gemocht.
Haben ihr Bilderbücher vorgelesen
und sind überhaupt furchtbar lieb gewesen- da ist sie genesen.

Im **November** hat die Gerda Laternen mitgebracht,
die sah'n aus wie Gespenster und haben gelacht.
Den Jungs war es aber nicht lange bang,
die kamen gleich an die Batterien dran.
Da wars vorbei mit grausigen Lachen,
aber zum Glück nicht mit dem Licht anmachen
die Gerda fands lustig und lachte sich krumm.
Meine Jungs, die sind gar nicht dumm- da bleiben die Laternen halt stumm.

Im **Dezember** hat Hexe Gerda den Kalender gebracht
sie hatte sich selbst über die Schoki hergemacht
Kiyan und Jonah warn traurig darüber,
böse Hexe komm nur nicht wieder.
Diesmal hat die Hexe gelacht
und den grossen Zauberstab mitgebracht,
mit hokus pokus und Simsalabim
war im Kalender wieder was drin- seht was für eine liebe Hexe ich bin

Nun ist vorbei das lustige Jahr
Gerda freut sich jedoch schon auf **Januar**

Gedicht 2013

Für S., R. und U.: fünfzig Jahre in Kürze

Mutter, Vater, Onkel, Tante, Frau und Mann, Pate, Patin und auch Sohn,
Opa, Cousin, Cousine, Nichte, Neffe, Tochter, die Verwandtschaft hätten wir jetzt schon.

Maurer, Tischler, Koch und Bäcker, Glaser, manchmal Fliesenleger,
Installateur, Tiefbau, Hochbau, Gärtner, Zimmermann und bei Bedarf auch Straßenfeger.

Hübsch und sportlich, freundlich, stark, zugewandt und klug,
herzlich, jovial und lieb, sympathisch, herzensgut - es ist noch nicht genug!

Freundlich, stürmisch, zärtlich, kreativ, hilfsbereit und nett
Musikalisch, theatralisch, zauberhaft, betörend, reizend, sommerlich, adrett.

Fleißig, aktiv, ambitioniert, arbeitsfreudig, ehrenvoll, standhaft, bemüht, bestrebt,
betriebsam, beharrlich, beständig, unbeirrbar, entschlossen und zu dem belebt.

Es fehlt noch viel an guten Taten, doch seid nicht böse wenn ich ende,
es gibt der schönen Worte nicht genug, was ihr geleistet das spricht Bände.

Einhundertfünfzig nette Worte zählt der kleine Vers
wie kam ich drauf? ihr wisst es schon: Dreimal fünfzig - nun das wär´s.

Die Liebe

Vorfreude

Vorfreude beginnt mit Erinnerung

Erinnerung entfacht Sehnsucht

Sehnsucht erweckt Bedürfnisse

Bedürfnisse verlangen Befriedigung

Befriedigung bringt Erleichterung

Erleichterung macht Unbeschwertheit

Unbeschwertheit bietet Leichtigkeit

Leichtigkeit erlaubt Lebensfreude

Lebensfreude durchdringt Melancholie

Melancholie impliziert Traurigkeit

Traurigkeit beinhaltet Schwermut

Schwermut bedeutet Verlust

Verlust sagt Einsamkeit

Einsamkeit verlangt nach Zweisamkeit

Zweisamkeit beginnt mit Vorfreude.

Precious

There is a precious in my heart.
I cannot show.
There is a precious in my heart
No one may know

Only seldom I may dare a glance.
It was my doom and my last chance.
I chose to hide it deep inside.
I gave believe for superficial pride.

There is a precious in my heart.
I dare not touch.
There is a precious in my heart.
Memory is far too much.

It glistens and gleams as time goes by.
And only you may know for what I cry.
It lightens up my lonely days
and reminds that there are some other ways.

There is a precious in my heart,
keeps me alive
there is a precious in my heart,
no more for love I strive.

I`ve known it once a little while ago,
what comes of it, times will surely show.
It is the Odem that I need,
when life takes up a daring speed.

There is a precious in my heart
Tender and mild.
There is a precious in my heart.
Life was free and wild

Memories still linger in my brain.
Sweet like chocolate still causes pain.
Awakening my longings and my giving
of fulfilled love and living.

There is a precious in my heart.
Forever lost.
There is a precious in my heart.
But not forgotten

Gedicht 2007

Sehende Hände

Deine sehenden Hände sprechen zu mir.

Sie sagen mir, dass du mich liebst.

Sie spielen auf meinem Körper eine Melodie,

die Klänge in mir ertönen lässt, die mir noch fremd sind.

Meine hörenden Hände

Spielen im Rhythmus deiner Melodie.

Ihr Duft unserer Musik sagt uns,

dass wir uns lieben.

Früher oder später

Im Spiel zwischen kalten Ostwind
und heißem Aufwind erwarten,
dass dein Weg den Weinstock
streift.

Nimmst du die Traube mit der zarten
Haut, die durch die Sonne gereift?

Wird sie zwischen deinen weißen,
scharfen Zähnen zerplatzen

und ihren warmen, süßen Saft zu
deinem Genuss vergießen?

Oder ausharren bis zur vollendeten
Reife?

Veredelt durch Zeit und fließen,
von dir geprüft, gekostet und
genossen

durch deine sehnsüchtige Kehle.
Vereint im roten Saft der Liebe
vollkommener Harmonie.

Zusammen was eins werden muss,
früher oder später?

Gedicht 2007

Now or later

Caught between the cold wind from
the east and the warm upstream
breeze waiting
that you will come by the grapevine.

Will you take the sweet grape with
tender skin,
Ripened by the sun?

To explode between your white
sharp teeth,
to pour the warm sweet juice to your
pleasure into your throat.

Or will you leave it to ripen to
excellence,
Refined by time and flow.

Tasted, savored and loved by you,
Through your longing throat.

Now combined in the red fluids of
love,
In complete harmony.

Together was has to come together
Now or later

Gedicht 2007

Rose und Regen

Ich bin deine Rose

Ich gebe dir meinen Duft

Ich gebe deinem Leben Farbe

Meine Blüten streicheln dich

Meine Dornen weisen dir Schranken,

du darfst mich nicht brechen.

Bist du meine Erde?

Bist du meine Sonne?

Bist du mein Regen?

Bist du der Wind, der meinen Duft in die Welt trägt?

Oder bist du der Sturm der mich bricht?

Gedicht 2007

Rose and rain

I am your rose

I offer you my scent

I give color to your life

The leaves of my blossoms tender you

My thorns show you the line

You shall not break me

Are you my soil?

Are you my sunshine?

Are you my rain and water?

Are you the wind who carries my fragrance into the world?

Or are you the tempest to break me?

Mehr

An manchen Tagen will ich mehr.
Mehr als die Luft zum Atmen:
Ich will meine Lungen füllen,
Und meine Gier nach Leben stillen.

An manchen Tagen will ich mehr.
Mehr als die Wärme des Sommers.
Ich will das Brennen der Schärfe spüren,
Und Feuer in meine Adern füllen.

An manchen Tagen will ich mehr.
Mehr als das Brot, das den Hunger stillt.
Ich will jeden Bissen mit Genuss wahrnehmen
und meine Sinne nicht zähmen.

An manchen Tagen will ich mehr.
Mehr als Wasser, das den Durst stillt.
Ich will nur den besten Wein trinken,
Und nicht nur in deinen Armen versinken.

An manchen Tagen kriege ich nicht genug vom Leben.
Ich bin gierig und voller Sehnen.
Ich bin ungeduldig und getrieben.
Kannst du mich trotzdem lieben?

Ertrinken

An manchen Tagen will ich mehr.
Mehr als die Luft zum Atmen:
Ich will deine Düfte einsaugen,
die mir die Sinne rauben.

An manchen Tagen will ich mehr.
Mehr als die Wärme des Hauses,
ich will das Feuer in uns
entflammen,
lodern und brennen, mit dir
zusammen.

An manchen Tagen will ich mehr.
Mehr als das Brot, das den Hunger
stillt.
Ich will dich kosten und schmecken,
Gierig saugen und lecken.

An manchen Tagen will ich mehr.
Mehr als Wasser, das den Durst
stillt.
Ich will den köstlichen Saft deiner
Liebe,
zur Sättigung meiner Triebe.

Ich will ertrinken im sinnlichen
Rausch.

Gedicht 2010

Gemeinsame Ernte

Der Acker lag brach, er musste vorbereitet werden
Lange Tage und Nächte voller Beschwerden.

Voller Stein war das zu bestellende Feld.
Weder für Werkzeug noch Samen reichte das Geld.

Wir kämpften uns durch, machten das Feld bereit.
Nur das Ziel im Auge, für den Weg keine Zeit.

Die ersten Früchte konnten wir nicht genießen,
ließen uns das Leben von neuen Plänen verdrießen.

Wir merkten meist nicht, dass es besser ging,
weil immer ein neues Projekt anfing.

Eines Tages waren wir alt geworden,
alt von Arbeit und vielen unnützen Sorgen.

Krankheit ward uns als Warnung gegeben.
Pass auf, du hast nur das eine Leben.

Man begann sich auf sich selbst zu besinnen.
Doch kann man nicht mehr von vorne beginnen.

Allein zu zweit mit den alten Banden,
Unsicher warum wir zueinander fanden.

Fast wäre das Band zerrissen,
wir hatten die Liebe im Alltag zerschlissen.

Lass uns doch heute zur Ruhe kommen,
Wir haben vom andern das Beste genommen.

Nun ist Zeit die gemeinsame Ernte einzufahren,
bevor sie uns im kalten Zimmer aufbahren.

Ich liebe dich, trotzdem du perfekt bist,
liebe mich, weil ich es nicht bin.

Gedicht 2016

Lassan (gesprochen loschon)

Ein lauer Wind umstreift die Wiese.
Trägt ihren Blütenstaub umher,
den Duft der tausend kleinen Blüten
ohne den Wind, wär sie nicht mehr.

Er nippt an allen bunten Blüten
und kostet ihren Nektar honigfarben.
Nimmt zart die süße Pollenlast,
schwingt in den grünen Gräsergarben.

Wo er berührt und zart beschwingt,
spendend er Lust und Leben.
kann ihm die bunte Sommerwiese
dafür nur Nektar geben?

Sie dankt ihm auch mit bunten Farben,
und Düften, mit denen er sich schmücken kann.
So gibt dem Sommerwind die Wiese
ihre fast unberührte Hand.

Im Wehen und im Wiegen,
schweben sie davon.
Und wird der Wind zu stürmisch,
so ruft sie leis lassan. (gesprochen loschon)

(Lassan ist ungarisch und bedeutet langsam, immer mit der Ruhe.)

Ungestillt

Der zarte Kuss der Morgensonne,
schenkt Erwachen warm und nah.
Erinnerung
berauscht die Sinne.

Geschmack von Früchten auf den
Lippen.
Der süße Honig stillt nicht Lust,
ein neuer Durst
erwacht.

Gestirne zeugen nur das Tun,
der Raum wird zur Unendlichkeit.
Himbeermund umfängt
die süße Brombeerfrucht.

Gedicht 2018

Dinge, die ich an dir liebe

Du bringst Ruhe in mein Leben,
auch wenn du meine Leere füllst.
Wenn kalte Stürme durch mein Leben fegen,
du mich wohlig in deine Arme hüllst.

Genüsslich und mit Achtsamkeit
nimmst an was dir das Leben gibt.
In deiner ernsten Freundlichkeit
fühlt ein jeder sich geliebt.

Am Telefon klingt deine Stimme
so ruhig und zärtlich zu mir her,
ich hoffe, dass die Zeit zerrinne
und es schon wieder Abend wär.

Niemals vergisst mich zu grüßen
mit einem zarten Hauch von Kuß.
Selbst wenn ich durch die Wohnung renne
und man mir dafür folgen muss.

Wie hoch über den Wolken scheinen,
meine Sorgen, die mir bleiben
denn du machst sie sogleich zu deinen
wirst sie flugs von uns vertreiben.

Auch lieb ich deine langen Beine,(Terence Hill)
die feinen Hände, die so zart und sanft.
Dein Engelsduft nach Weihnachtskeksen
und dein jungenhaftes Lächeln, ganz unverkrampft.

Wenn ich so diese Verse schreibe
Fällt mir noch so manches ein,
doch davon wird' ich dir erzählen
in schönen Stunden nur zu zwein.

Nachdenkliches

Liedtext im Auftrag 1980

Season of darkness

FROM THE DARKSIDE IN DIM MORNING
GLOWS THE LIGHT OF A FAR COUNTRY
IT´S A SIGN AND IT´S A Symbol, IT´S A WARNING
LIGHT BRINGS SHADOWS, LIGHT BRINGS HARSHNESS
LIGHT BRINGS HARSHNESS

Refrain1:
Dreams of freedom
Dreams of hope
Season of darkness forever dwell
Dreams of peace
And dreams of love
Season of darkness I bid farewell

THEN COMES THE BRIGHT AND CLOUDLESS DAY
SHADOWS SHARP ALONG MY WAY
DEFEATED AND WEARY I GO
I´M SO FORLORN
UNSTEADY STEPS, DAZZLED AND BLIND
I LONG FOR LIFE, FOR JOY, FOR TRUTH AND I DREAM

Refrain1:
Dreams of freedom
Dreams of hope
Season of darkness forever dwell
Dreams of peace
And dreams of love
Season of darkness I bid farewell

DUST AND THORNY BUSHES GHASTLY SWAY
AND THE SUN BURNS HOT ON MY BODY
AND I GO ON STUMBLING SEARCHING FOR MY WAY
THE LIGHT IS MERCILESS AND CRUDE
MERCILESS AND CRUDE

The sun is setting in dim twilight
I wait for the night
So I don't have to see
The reality
Of murder, Of indifference

Liedtext im Auftrag 1980

So I can dream:

Refrain1:
Dreams of freedom
Dreams of hope
Season of darkness forever dwell
Dreams of peace
And dreams of love
Season of darkness I bid hello

Refrain2:
Peace from murder
Peace from fear
Season of darkness seductive sleep
Peace from fighting and peace from men
Season of darkness here I come.

Angehalten

Angefangen, leichtsinnig

nach jugendlichem Streben.

Angetrieben, auf der Suche

nach unerreichbaren Zielen.

Angehalten, erschöpft

nach langem, stürmischen Lauf.

Angebunden, durch Lebensbänder

nach lähmendem Stillstand.

Angekommen, im Sein

nach zielloser Suche.

Angenommen, von Menschen

nach endlosem Bemühen.

Angestoßen, mit neuem Mut auf der Suche

nach inneren Quellen.

Angefangen, zum Guten oder Schlechten

Das Rad dreht sich von neuem.

Gedicht 2011

Der Feigling

Ein Feigling in der Ecke saß
Sich ja nicht mehr bewegen
Am besten, wenn man ihn vergaß
konnt' ihm keiner eine kleben.

Die andern kriegten ab die Schuld
Die Schläge und die Tritte
Erfasste die Eltern Ungeduld
War er der lachende Dritte.

Doch drinnen im Kinde
War Wut und auch Trauer
Sich immer zu winden
Das schadet auf Dauer.

Die Schuld, er auf sich nimmt
Doch steht er niemals auf
Er ist ja nur ein feiges Kind
Drum kommt auch keiner drauf.

Er kennt den Schmerz vom zu schaun
Hat selbst nie den Schlag gespürt
Nie hat der Vater ihn gehaun
Nie die Mutter ihn berührt.

Auf einmal er das Leben erbricht
Es ist ihm nur zum kotzen
Auf Liebe und nicht auf Tritte erpicht
Kann er der Feigheit nicht trotzen.

Schlagt und tretet mich doch auch!
Nehmt mich doch einmal wahr
Tretet mir den Stiefel in den Bauch
Ich bin Schuld, das ist doch klar.

Als Feigling in der Ecke gesessen
Er konnt' sich nicht mehr bewegen
Jetzt habe ihn die andern vergessen
Er ist ja auch nicht mehr am Leben

Gedicht für Pia 2013 nach einem allergischen Zwischenfall

Die Angst und die Anarchistin

Angst

Nagst an mir.
Bist bei mir Gast.
Schnürst mir die Kehle zu,
dass mir der Atem stockt.

Angst

Kommst ohne Warnung.
Lädst dich ein.
Nimmst was mir gehört,
dass mir nichts bleibt.

Angst

So leibhaftig erscheinst du.
Übernimmst das Regiment,
wie ein General,
der keinen Widerspruch zulässt.

Angst

Ich lass mir nichts befehlen.
Auch nicht von dir.
Ich bin ein Anarchist,
der keiner Autorität gehorcht.

Angst

Du kannst dich anschleichen,
Dich einschleichen.
Doch wenn ich dich erkenne,
Werde ich der Sieger sein und frei.

Angst um dich

Ich weiß alles von dir
Du erzählst froh
Jede Einzelheit, jede Spielminute
All die frohen Stunden mit deinen Freunden
Ich freue mich an deinem Sein.

Ich weiß ein bisschen was von dir,
Du erzählst ab und zu,
wenn ich frage
von deinen Freunden und den blöden Lehrern.
Ich würde es dir gern leichter machen.

Ich weiß wenig von dir.
Du bist verschlossen und nur selten,
Finde ich den Schlüssel.
Ein kleiner Blick durch das Schlüsselloch wird mir gewährt.
Ich bin nicht mehr ein Teil davon.

Ich weiß nichts mehr von dir.
Du schließt mich aus.
Da beginnt die Angst,
Angst dich zu verlieren,
An falsche Freunde und falsche Versprechungen.

An eine Leichtigkeit, die es nicht gibt.

Gedicht 2011

Normal

Aufwachen, aufstehen, Frühstück machen
Zeitung lesen, Kaffee trinken, auflachen
Pausenbrot richten, Teller wegräumen
Vom besseren Leben träumen.
Alles normal

Sachen fürs Büro zusammensuchen
Das verlegte Handy verfluchen
Auto frei kratzen
Zur Arbeit hatzen
Alles normal

Sich nach der Pause sehnen
Die dann doch nicht nehmen
Im Bürostuhl kleben
Alles für Freiheit geben
Alles normal

Im Dunkeln nach Hause fahren
Ein freundliches Lächeln wahren
Den Haushalt machen
Mit den Kindern lachen
Alles normal

Dem Partner von Tag erzählen lassen
Sich langsam selber hassen
Vor Müdigkeit träge sein
In sich selbst hinein schrei'n
Alles normal

Sich mit Sorgen quälen
Sich in Gedanken das Leben nehmen
Träume, die der Alp dir schenkt
Du hast dein Leben gelenkt
Und gegen den Baum gefahren

Alles normal oder doch nicht?

Gedicht 2011

Nie genügen

Ein Geschenk, die zwei neuen Pullover
Heute trage ich den Roten
-Gefällt dir der andere nicht?

Das Haus blitzt, die Sonne strahlt in den Raum,
die Scheiben sind unsichtbar.
-Warum hast du nicht Staub gewischt?

Nach der Arbeit ins Heim,
Vorlesen, Po abwischen, umziehen und betten
-Warum musst du schon nach Hause?

Fragen die mich lähmen

Warum schreibst du mir nicht?
Warum hörst du mir nicht zu?
Wann hast du mal Zeit für mich?
Warum bist du müde?
Wieso hast du keine Kraft?
Wann gibt es Essen?
Wo bleibt der Bericht?
Wann wird der Vertrag fertig?

Aufhören!

Ruhe, bitte lasst mich ausruhen!

Du bist doch selber schuld!
Weghören
Grenz dich ab
dazu fehlt mir die Kraft

Gedicht 2010

Lebenserfahrung

Sitzen, greifen, krabbeln
erste nette Wörter brabbeln
Auf den eigen Füssen stehen
Sicher über die Straße gehen.

Dann darf man zur Schule sich begeben
und nach guten Noten streben.
Ein mal eins, Rechnen, Schreiben, Lesen,
das wär´s dann fast gewesen.

Vielleicht noch Geschichte, Mathe und Chemie
dazu noch Kunst, Sport und Biologie,
Ethik, Politik und Religion
das Meiste davon lohnt sich schon.

Am Anfang ist man ja noch offen
wird doch auf gute Noten hoffen.
Und ist begierig einzusaugen,
wenn auch manche Lehrer wenig taugen.

Ist man dann endlich fast erwachsen,
macht man doch lieber dumme Faxen.
So kommt im Studium und in der Lehre
einem das Leben in die Quere.

Der Eltern Klagen und Erfahrung
sind selten eine Offenbarung.
man hört zwar den Dozenten zu,
doch vor den Alten will man ruh`.

Der Eltern Weisheit, war mir Wurst,
trank lieber einen übern Durst.
Hab das Gequengel nicht gehört
war über Sprüche nur empört.

Mit jedem Jahr das man gelebt
der Eltern Sorge man versteht.
Nun bring ich selber Sprüche an
und glaub zu guter Letzt auch dran.

Doch die Jungen woll´n nicht hören
lieber auf freies Leben schwören.
Könnt ich doch nur Erfahrung weitergeben.
Doch Erfahrung, die kann man nur selbst erleben.

Gedicht 2010

Zerrissen

Zerrissen, gespalten, meine Seele
Frei bei dir
Doch gefesselt an die Vergangenheit
Gebunden mit Erinnerung, mit Verantwortung, durch Versprechen.

Unsicherheit, Zweifel, Angst
Frei bei dir
Doch entführt von Erinnerungen
In eine Zukunft der Vergangenheit.

Einsamkeit, Verlassenheit, Trostlosigkeit
Frei bei dir
Doch hinabgezogen in den Strudel des Lebens,
aus dem es kein Entrinnen gibt.

Freude, Vertrauen, Hoffnung
Frei bei dir
Zukunft aus Vergangenheit, Zukunft ohne Vergangenheit

Unsere Zukunft?

Gedicht 2010

Du bist fort

Seit langen Monaten nun
bist du nicht mehr erreichbar
ich kann nichts weiter tun
Das war mir nie so klar.

Dein Gehen war unausweichlich
Es war der letzte Schritt
Dein Abschied war nicht feindlich
Doch konnte ich nicht mit dir mit.

Es scheint mir heute so lang
die letzte zarte Umarmung
mein Herz wird jedes Mal bang
kommt die Dämmerung.

Ich habe dich nicht vergessen.
Manchmal erwischt es mich halt.
Noch eben beim Plaudern
gesessen,
dann wird die Seele so kalt.

So kalt wie dein Körper im
Kerzenlicht.
So kalt wie der Schnee auf dem
Grab.
Ich hoffe du spürst die Kälte nicht,
nur die Wärme, die unsere Liebe dir
gab.

Gedicht 2010

Wer?

Ich
Wer?
Ich
Wer?
Ich
Nun wer?
Eine Frau
Und?
Hilflos und dumm
Nur?
Manchmal brillant
Wie das?
Innen und außen
Innen?
Innen das Kind, voller Angst und Zweifel, haltlos und verloren.
Warum?
Angst
Angst wovor?
Ich werde nicht geliebt.
Wozu Liebe?
Leben?
Leben nicht ohne Liebe?
Wertvolles Leben ist geliebtes Leben

Gedicht 2010

Sehn Sucht

Prädestiniert zum schlimmsten Suchtverhalten
Es lockt nicht nur der rote Wein, kann nie mehr an mich halten.

Nikotin und Spiele, alles was so glücklich macht
Shoppen, kaufen, Geld ausgeben, bis der tranigste Verkäufer lacht.

Arbeitssucht, nie mehr geschwänzt
Rauschmittel, die happy machen, Fressen bis der Nabel glänzt.

Doch stillt das mein Verlangen nicht
Die Sehn Sucht bleibt, und bald das Herz mir bricht.

Würdest du mir doch das geben
was mich Sehn süchtig macht.
Würd nicht mehr nach Süchten streben
hättest glücklich mich gemacht.

Eine zärtliche Berührung ohne Preis.
Ein Kuss ganz spontan und frei.
Gesagt, dass du mich brauchst, auch wenn ich´s weiß,
was ist denn nur dabei?

Weißt du denn nicht was es bedeutet?
Dann ist es dir wohl ganz egal
Die Glocken haben schon geläutet
So küss mich denn ein letztes Mal.

Gedicht 2010

Was bist du?

Was bist du?
Das Ende, ein Anfang, nichts?
Ein eigentlich ganz netter Kerl
Mit Sense und leeren Augen?

Der zerknüllte Brief im Papierkorb,
ist die neue Seite wirklich leer?
Eine verblühte Seerose ist der Beginn von etwas neuem -
Ein verblühter Mensch?

Ist jeder ein Rädchen im großen Getriebe?
Was passiert wenn ein Rädchen bricht?

Ist der tote Leib leer?
Ist er nicht voller Gewürm?

Bin ich ein Leib voller Gewürm?
Mein Denken ist nichts außer Strom?

Sinn, macht das Sinn?
Braucht es einen Sinn?

Leben um zu sein und um zu erhalten –
Was zu erhalten?- Leben?

Sterben: ein Übergang
Zu neuen Ufern, warum erst Leben?

Geboren werden – sterben
Auf zu neuen Ufern.

Warum geboren,
 um zu leben und zu sterben?

Was bist du?
Das Ende des Lebens, Sinn, Übergang
Oder nichts?

Oben und Unten

Oben, alles friedlich,
die Sonne scheint auf grüne Wiesen.

Unten, die Hitze schmilzt
und verbrennt die innere Haut.

Oben grasen Schafe,
summen Bienchen, flattern bunte Schmetterlinge im Wind.

Unten, ein Teufelskreis
Katalysatoren erzwingen Wahlverwandtschaften.

Oben, wird ein Kalb geboren
wackelt mit ungelenken Beinen zur Mutter.

Unten, kochen Gase
üble Ausdünstungen, nur um neue Katalysatoren zu gebären.

Oben weht ein lauer Wind.
Die Vöglein zwitschern, keine Wolke am Himmel.

Unten explodieren
die ersten Gesteine, schlagen an die Wände.

Oben, ein kleines Zittern
die Erde tanzt im Rhythmus des Sommers.

Unten, drängen sich
die Gedanken, die Enge wird alles ersticken.

Oben, fassen sich die Kindlein an den Händen
und tanzen Ringelreihe.

Unten kocht mit unsagbarer Kraft das Leben
Oben liegt alles in grauer Asche

Unten kehrt Ruhe ein

Gedicht 2015

Verwirrung der Jahreszeiten

Manchmal kommt der Herbst schon im Mai
Hat dichten Nebel und Kälte dabei.

Verschluckt die Sonne, das Licht und die Farben
Lässt dich in farbloser Dunkelheit darben.

Dein Blick reicht nur wenige Schatten weit,
der graue Schleier verhüllt des Jahres leuchtendes Kleid.

Drohend erhebt sich was unscheinbar war,
lang Vergangenes im Nebel nun nah.

Trostlos und lau scheint des Tages Trott,
der Ruf in der Stille, nur Hohn und Spott.

Wofür soll man kämpfen und streben?
warum nur hängt man am Leben?

Bleiern sind Gedanken und Glieder.
Lockend zerrt der Wahn dich nieder.

Klamme Nebel, die sich um dich legen
flüstern: sinken, ruhen, nicht mehr bewegen.

Manchmal kommt der Mai im Herbst wieder
wärmt dir die erstarrten Glieder.

Die Sonne bricht durch die Nebelwand
zeigt die Welt dir im bunten Gewand.

Bläst mit lauen Winden das Alte in die Flucht.
Bringt den Drachen nach oben, der die Freiheit sucht.

Das Lachen der Jungen, weckt dein Herz.
Verdrängt den Schatten und Schmerz.

Im Dunkel würdest du diese Freude nicht spüren,
würdest nie mehr die Liebsten berühren.

Spür den Wind und die Sonne auf deiner Haut.
Schickt den fort, der dein Leben dir raubt.

Riech den Duft, recke die Glieder:
der Frühling kehrt immer wieder.

Gedicht 2017

Heute Morgen für Dich

Der schmale Ring,
ist noch immer an meiner Hand,
obwohl ich ihn als du gingst abgestreift habe

Die Erinnerung hat ihn dorthin gebrannt
und überfällt mich unverhofft
in keinem und jeden Augenblick ohne Gnade.

Bittersüß und gnadenlos
nimmt sie dann die Luft.
Reißt mir die Knochen aus dem aufrechten Leibe.

Füllt jeden Atem mit
deinem so eigenen Duft
beugt mir Kraft verloren die Knie, dass ich so bleibe.

Doch ich recke mich hoch,
mit all der übrig gebliebenen Kraft
fülle die ausgehöhlte Hälfte mit Konzentration, Geduld und Träumen.

Das was dir fehlte,
was dich so unwiederbringlich dahin gerafft,
hebt mich und hilft mir mich aufzubäumen.

Der Kirschbaum blüht nun bald
zeigt sich im traumgleichen Gewand,
all mein Sehnen gilt, dass du nicht verloren bist auf deinem gewählten Pfade.

Mein Gott, wenn es dich gibt
sei voll Gnade.

Gedichtsverlust

Schon lange fließen keine Worte mehr zu Reimen,
das Leben nahm den Stift aus meiner Hand.
mit weißer Kreide schrieb es auf die schwarze Tafel
und wer dort steht, ist leicht auch **abgeschrieben**.

Kein Reim lässt sich zu der Namen Reihen finden
werde ich im Reigen, die nächste sein?
Ahnen und Liebe sind schon **aufgeschrieben** und
senden Mahnung an ein wertes Leben.

Was ist ein wertes Leben, was will das Schicksal nur von mir?
Hat es doch selbst die Zukunft für mich **umgeschrieben**
und mit den verlorenen, gemeinsamen Erinnerungen,
die mit euch so lang erlebte Vergangenheit nun auch.

Ein geliebtes Haus, ein Auto, Tand, ein Ring an meinem Finger,
An der Uni viele Jahre **eingeschrieben**, was bleibt davon
und ist von Wert?

Als der Glaube und die Hoffnung verloren gingen,
mussten neue Werte und Vertrauen her.
Wahrheit wurde **neu geschrieben**,
manche lang geglaubte Liebe gibt es nicht mehr.

Zwei meiner Kinder bleiben mir,
ich weiß nicht wer und wo das dritte ist.
Sie hatten die Liebe bei mir **angeschrieben**,
doch meine Forderung ist schwach.

Da steht das Leben mit der Kreide in der Hand
und wartet auf den nächsten Strich.
Einst wünschte ich, mein Name wär schon **vorgeschrieben**
heute bitte ich, nimm noch nicht mich.

Ich hab noch Menschen, die mich lieben.
Erst jetzt weiß, ich wie wert das ist.
Noch sind die Buchstaben nicht **ausgeschrieben**,
wer weiß, vielleicht kommt das Beste doch zum Schluss.

Gedicht 2018

Verhüllung und Verheißung

Eingehüllt in den Mantel
Der nahtlosen Vergangenheit
Unerkannt was darunter verborgen ist
Verhüllung ist Verheißung

Ausgewickelt aus dem Sari der Liebe
In die nackte Gegenwart
Bloßgelegt was übrig ist
Verhüllung war Verheißung

Zugedeckt mit dem Tuch
der vorhersehbaren Zukunft
erlöst was nicht mehr zu heilen war
Verhüllung wird Verheißung

Orte und Jahreszeiten

Geräusche

Der schnelle Puls unserer Zeiten
Lässt den Horizont entgleiten
Der Weg geht verloren und fehlt
Nur das Ziel zu erreichen zählt.
Doch wär ein Rhythmus ohne den Schlag
Wie ein verlorener, kraftloser Tag.

Das brausende Geräusch von Leben
Lässt die Welt um uns erbeben
Scheint es uns auch eine Last
In der täglichen Eile und Hast,
So wär die Stille kein gutes Zeichen
Müsste doch das Leben der Stille weichen.

Gedicht 2010

Fuerte Ventura

Die Sonne, leuchtend, doch unsichtbar und schmeichelnd,
nie hart oder brennend, immer voll Wärme und Licht.

Das Meer, der wahre Spiegel der eigenen Seele.
Grau, grün oder blau, welches Spiel der Farben trifft dein Gesicht?

Die nächtliche Stille singt fauchend und johlend mit dem Wind,
du erwachst aus den Träumen, hörst du die Stille nicht.

Das Land trägt wie die Wüste der Farben das Geheimnis des Lebens,
ohne Wasser die Hoffnung auf ein Erwachen zerbricht.

Ein Fluss aus schwarzen Steinen fließt unermüdlich aus
archaischer Quelle zum Strand.

Der Wind singt und tobt, zerrt am Leben, schmerzt und kühlt,
ein wilder Tänzer aus Sand.

Dunkle Wolken aus dem Westen voll süßen Regens
quellen vom Horizont übers Land.

Die Hände voll Verlangen zum Himmel gestreckt, den Regen zu fangen
Im Osten bleibt nur noch Staub in der Hand.

Gedicht 2010

Gartenbrache

Wenn ich durch die Altstadt eile
Brems ich sehnsuchtsvoll den Schritt
Halte inne für Sekunden
Nehme die schönsten Bilder mit:

Auf den engsten kleinen Plätzen
Lern ich der Menschen Hände
Werke schätzen:
Da ein ruhiges Plätzchen für die Sonne
Da ein trocknes Blumenbeet voll Wonne
auf dem schiefen Dache harrt
bis nach ein paar kalten Nächten
doch der laue Frühling naht.

Eine Bank, ein Tisch mit alten Stühlen
Überdacht mit trocknem Wein
Ob die Menschen wohl sich fühlen
In der Abendsonne Schein.?
Eine Terrakotta Schale, ein kleiner Mann aus Stein.
Sogar ein Grill dort auf der Ecke.
Solch Blickoasen fang ich ein.

Gemütlich dort im Schatten sitzen
Ein Buch, das Weinglas in der Hand.
Über Examensfragen schwitzen
Im lauen Abendsommerland.
Doch Immer sind die Plätze leer,
kein Kinderlachen ist zu hören,
hübsche Frauen in Sommerkleidern,
die die Männerwelt betören
Sieht man nicht mehr.

Man hört kein Lachen, diskutieren
Und nur die Vögel musizieren
Kein Duft von Kohle, kein Weinglas
rot in Glutes Licht
Kein Kerzen und kein Fackelschein
die Nacht durchbricht.

Kein Arm sich um die Schulter legt,
und lachend auf das Wasser blickt.
Kein Publikum, das fröhlich singend
zu den Musikanten nickt.

Die Menschen hetzen durch die pulsierenden Straßen,
sehnsüchtig schweift der müde, hoffnungslose Blick.
Das Bild als Menschen noch zusammen saßen,
nun bleibt nur die verklärte Erinnerung zurück.

Es fehlt die Zeit und auch die Muse,
die Ruhe und Gelassenheit.
Es lockt der Medien leichtes Stück,
des Sofas trist Gemütlichkeit.
Am nächsten Tage muss man frisch sein
Die Arbeit ruft, es lockt das Geld.
Kann nicht mehr froh beisammen sein
Was wird denn nur aus unserer Welt?

Gedicht 2011

Rückkehr

Unten Puderzuckerweihnachtszauber
Oben Trostlostaubengrau
Am Horizont Trübsaldunklediesigkeit

Leis das Vogelzwischterfrühlingslied
Laut der Schneeräumbagger Zornesbrummen
Mittendrin Gedämpftestraßenlärmsonate.

Tief die Frühlinsgerwachensendetraurigkeit
Hoch die Grünewiesenblumenungeduld
Eben die Täglichearbeitstrottgewohnheit

Da bricht Tief im Süden der Sonnenhoffungsstrahlenschein
Die Welt liegt kurz im Strassvergänglichkeitsglitzer
Über allem das Wissen der Frühling kehrt zurück.

Ein starker Frühling

Der weiße Glitzerwinter deckt
beschwichtigend den Mantel kalt
über allen Unrat tief versteckt,
weckt Unversehrtheitsträume
ohne Vorbehalt.

Die kahle Welt will aber kämpfen.
Die Vögel schreien ´s laut
heraus.
Der Schnee kann unsere Schritte
dämpfen,
doch will das Leben jetzt heraus.

Nicht hübsch zu sein oder gar
Zier,
für träumend Menschen und
Getier.
Kein Wunderblüten sanfter Kuss,
Schöpfung hat Kraft im Überfluss.

Ich will, ich muss, ich strebe
mich zu vermehren, so ich lebe
in einem fort in meinen Früchten.
So schön ich schein, ihr sollt
mich fürchten.

Ich bin der Naturen Urgewalt.
Die Mutter allen Lebens.
Es gilt für mich kein „Halt".
Mich bremsen ist vergebens.

Ich dränge, platze und verblühe,
Ich dufte, stinke und verbrühe.
Ich mache Leben und ich töte.
Ich bringe der Liebe tausend
Nöte.

Nehmt euch in Acht, ihr
Dichterbrut.
Entfacht mit eurem Säuseln
nicht meine ungebremste Wut.
Will meine Stirn nicht kräuseln.